Ulrich Schaffer

Das Glück des Augenblicks

Kaufmann Verlag

Das Glück des Augenblicks

Die Fähigkeit, in der Gegenwart zu leben, entscheidet über unser Glück und unsere Zufriedenheit. Hier und jetzt sind Reichtümer zu entdecken. Ein Leben der Fülle liegt vor uns. Wir müssen uns nur die Mühe machen, die kleinen Augenblicke des Glücks wahrzunehmen und uns nicht ablenken zu lassen von dem, was war und was wir jetzt nicht mehr verändern können, und dem, was sein wird und nur begrenzt in unserer Hand liegt.

Es ist nicht leicht, in der Gegenwart zu leben. Wir fliehen schnell in die Vergangenheit oder träumen uns in die Zukunft. Vielleicht suchen wir die Festigkeit und Vertrautheit in der Vergangenheit und fliehen aus der manchmal unangenehmen Gegenwart in einen Traum von der Zukunft. So entkommen wir dem Augenblick. So meinen wir auch der Verantwortung für den Augenblick zu entkommen. Und haben doch nichts als diesen Augenblick.

Die Konzentration auf den Moment ist kein Versuch, die Verantwortung für die Vergangenheit loszuwerden. Es ist auch nicht eine verantwortungslose Blauäugigkeit gegenüber der Zukunft. Aber der zentrale Baustein unseres Lebens ist die Gegenwart, und diese wirklich zu erfassen heißt, lebendig zu werden.

ulrich schaffer

Der Zauber des Augenblicks

Der Augenblick ist ein geheimnisvolles Etwas.
Da kommt ein Stück Zeit, schwebt an mir vorbei,
erfüllt mit den Möglichkeiten meines Lebens,
voll gepackt mit den Geschenken des Universums an mich,
Sperre und Tür gleichzeitig,
und doch nur ein Stück Zeit – ein Moment.

Der Moment berührt mich – ich kann ihn vorbeisegeln lassen,
ihn einreihen in die anderen Momente,
die schon den ganzen Tag an mir vorbeihuschen.
Ich kann ihn übersehen, einsortieren, abhaken
und ihn nur als ein Stück Zeit,
als das Ticken der Uhr abtun.

Aber was wäre, wenn in diesem Moment
meine unentwickelte Zukunft verborgen wäre,
wenn er entscheidend beitrüge
zu dem Sinn meines Lebens?
Gibt es da nicht nur eins, ihn zu erfassen?

Wach und aufmerksam

Das Glück des Augenblicks ist nicht,
aus jeder Minute alles herauszuholen,
die Zeit vollzupacken und sie „effizient zu nutzen".
Gerade das verschließt uns für das Besondere,
das sich uns in jeder Sekunde zeigen kann.

Das Glück des Augenblicks ist,
im Augenblick zu sein:
in seinen Geschenken, seiner Unsagbarkeit,
in seinen Querverbindungen,
in seiner Weisheit und seinen Versprechen.
Es ist, mit allen Sinnen wach zu sein
für die Botschaft der Sekunde.

Wir können uns für diesen Augenblick vorbereiten,
indem wir Empfänglichkeit üben.
Am Ende wird das Glück des Augenblicks
ein Geschenk sein, das die erleben,
die wach und aufmerksam sind.

Entscheiden

Ich ergreife den Augenblick,
ohne ihn halten zu wollen,
gehe ein Stück mit, öffne mich ihm,
und trete in eine Welt der Überraschungen ein.
Ich ergreife das eine, erkenne etwas anderes,
beobachte, wäge ab, horche auf.
Ich verankere ein Bild oder einen Gedanken dieses Moments
in meiner Erinnerung,
damit ich sie jederzeit abrufen kann.
Ich spüre, wie der Moment sich einfügt in mein Leben,
und wie mein Leben dadurch in die Zeitlosigkeit eingepasst wird.
Ich bin ganz wach, weil ich entstehe,
weil ich in meinem Leben mitrede, wie sonst selten.

Aus dem, was nur ein paar Sekunden dauerte
und was unbedacht an mir hätte vorbeigehen können,
ist ein Augenblick der Einsicht und Neuorientierung geworden.
Es ist spannend, im Herzen der Entscheidung
mitwirken zu können, das eigene Leben in der Hand zu halten.

Der Augenblick ist heilig,
wie ich selbst, der ich ihn erfasse.

In jedem Augenblick

Jeder Augenblick enthält Möglichkeiten.
Spreche ich den Menschen an
und sage etwas mehr zu ihm, als nur die üblichen Floskeln?
Nehme ich den Umweg
und achte auf das, was sich mir da zeigt?
Eine Erinnerung wird wach,
und die Frage, die ich vermeiden wollte, tut sich wieder neu auf.
Ein Buch bringt mich auf Gedanken,
die ich noch nie hatte. Gehe ich ihnen nach
und entdecke ich mich und die Welt neu?

Oder geht alles unter in der Flucht aus dem Moment?
Hänge ich einer Vergangenheit nach,
die ich nicht verändern kann?
Fliehe ich in eine Zukunft,
die mir noch nicht in die Hände gegeben ist,
und die ganz anders sein kann, als ich sie mir jetzt vorstelle?

Nur der Augenblick ist mir gegeben.
Über ihn entscheide ich.
Darin liegt meine Herausforderung.
Darin liegt meine einmalige Chance.

Heute beginnt der Rest des Lebens

Der Augenblick der Einsicht ist wie eine Konvergenz.
(Laut Wörterbuch: sich einander annähernd, übereinstimmend,
auf einen gemeinsamen Schnittpunkt zulaufen.)
Du stehst am Meer oder in den Bergen,
hältst einen Menschen, den du liebst,
oder wachst allein in deiner kleinen Küche nach Mitternacht,
als dir aufgeht, dass du dein Leben ändern musst,
das es sonst ausläuft wie eine Flasche,
die irgendwann leer ist und weggeworfen wird.

Aus dem Wahrnehmen dieses Moments
kannst du eine Erkenntnis für dein ganzes Leben gewinnen.
Dieser Moment war der Blick durch die Tür.
Jetzt musst du losgehen: Zieh deine Wanderschuhe an,
fass den Gipfel ins Auge und mach dich auf den Weg.
Oder stapfe über den Sandstrand,
hinein in die Wellen,
um am Ende auf dem Wasser zu gehen.

Bewusste Wege

Der Augenblick ist wie ein feines Handwerkszeug,
mit dem ich mein Leben öffnen
und einstellen kann wie eine alte Uhr:
Da wird eine Schraube fester gezogen,
ein Rädchen erneuert, die Unruh ersetzt.
Durch den Moment finde ich Zugang zu dem,
was ich aus meinem Leben machen will.
Ich erkenne meine Wünsche
und bewege mich auf sie zu.

Der Moment ist der Schlüssel zur Zeit.
Er ist ein optisches Instrument,
mit dem ich mein Leben scharf stellen kann.
Was verschwommen war oder keine Konturen hatte,
wird in einem Moment deutlich und klar umrissen.
Da entstehen die bewussten Wege auf mein Ziel zu.
Sanft aber kraftvoll ziehe ich mein Leben an mich.
Die Welt öffnet sich.

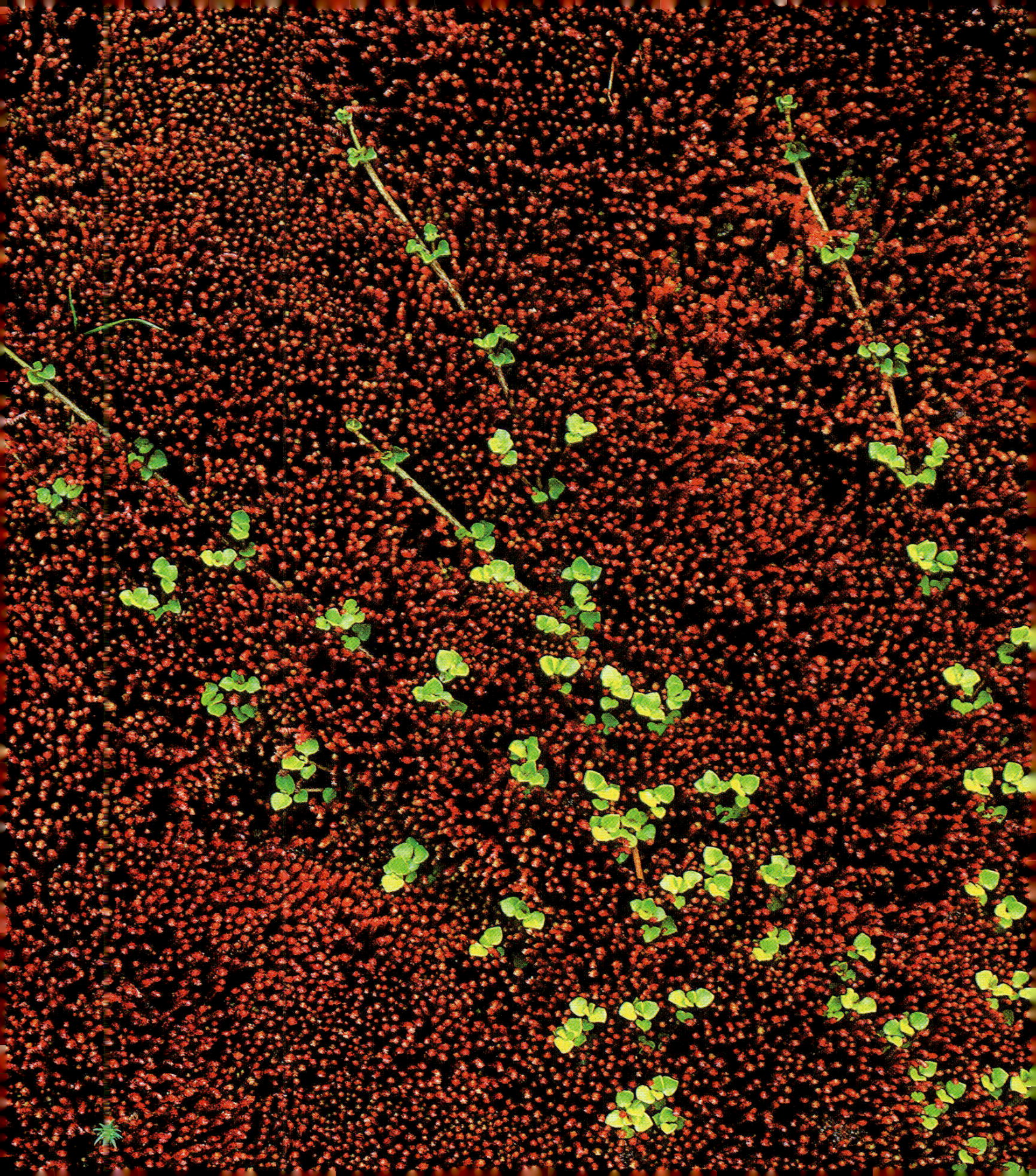

Unterschiedliche Zeit

Die Griechen hatten verschiedene Begriffe für Zeit, unter anderem auch den Begriff für den richtigen Moment, in dem etwas reif ist und die Tür offen steht: Kairós.
Es gibt einen Kairós für ein Gespräch, einen Kairós zu gehen, zu schweigen, zuzugreifen. Weil wir so wenig im Augenblick leben, haben wir das Gespür dafür verloren. Ich glaube, dass wir es wieder gewinnen können. Wir müssen uns wieder mehr auf den Moment einstellen und weniger auf festen Vorstellungen, Ideen, Dogmen und Lehren beharren. Sie schieben sich immer zwischen uns und den Moment. Er kann sich nur schwer behaupten gegen eine hundert oder tausend Jahre alte Idee. Der Moment hat nur den Moment, er ist nur Moment. Aber in ihm liegt oft unser Schicksal, unser Weg.
Die beste Übung ist: wach sein. Wenn wir wach sind, fällt uns auf, was alles in einem einzigen Augenblick geschehen kann. Die meisten Augenblicke haben viele Schichten, besonders wenn Menschen daran beteiligt sind. Jede Schicht ist eine Möglichkeit, diesen Moment zu erfassen und etwas aus ihm zu machen. Leben wir wieder so, kann ein Tag ein Abenteuer sein, weil wir buchstäblich von Sekunde zu Sekunde nicht wissen, was sich auftun wird. Mit dieser Intensität können wir zwar kaum einen Tag lang leben, aber schon Minuten so zu leben, könnte unserem Leben eine andere Richtung geben. Vielleicht sind die wichtigen Dinge in unserem Leben immer in solchen Augenblicken geschehen.

Nicht genutzte Momente

Mein Augenblick ist nicht dein Augenblick.
So einmalig wie ich bin,
so einmalig ist auch meine Zeit und mein Umgang mit ihr.
Dein Augenblick ist nicht mein Augenblick.

Rückblickend kann ich sehen,
dass mein Leben aus Momenten besteht,
jeder Moment ein Sprungbrett zum nächsten.
Haben wir einen Moment nicht ergriffen,
geht der Weg manchmal nicht weiter.
Aber immer wieder neu gibt es Momente.

Öffne dein Herz für den Augenblick,
es ist das Angebot des Lebens.
Niemand sagt auf dem Sterbebett:
„Ach, hätte ich doch mehr gearbeitet."
Aber viele berichten, dass es ihnen leid tue,
nicht öfter mit ihren Enkeln gespielt
oder mit ihrem Partner ein paar Tage frei gemacht zu haben.

Es sind diese Momente, die wir nicht genutzt haben,
um die wir trauern.

Wie mir geschieht

So wie ich den Augenblick behandle,
so behandle ich mein Leben.

Ist mir der Augenblick kostbar,
bin ich mir kostbar.

Werfe ich ihn weg,
werfe ich mich weg.

Erfasse ich den Augenblick nicht,
zerrinne auch ich mir in den Händen.

Liebe ich die Unmittelbarkeit des Augenblicks,
werde ich mich selbst in meiner Spontaneität lieben.

Liebe ich den Moment mit seinen vielen Möglichkeiten,
entdecke ich mich selbst mit meinen.

Den ersten Schritt

Du gibst den anderen die Schuld:
Sie wissen nicht, worum es geht.
Du wirst nicht geschätzt, man übersieht dich.
So willst du nicht leben. Du meinst, gehen zu müssen.

Da kommt der Moment des Erkennens.
Du hast ihn nicht eingeladen,
du hast ihn nicht kommen sehen,
Er ist einfach da.
Leicht wie der Duft einer Blume,
ein Angebot, die Geschichte anders fertig zu stellen,
als du es sonst tust.

Du spürst, dass dein Herz hart geworden ist,
dass aber unter dem Stein in deiner Brust
eine ungeheure Sehnsucht lebt
nach einem anderen Miteinander.
Du erkennst, dass es an dir liegt,
den ersten Schritt zu tun.
Wenn du ihn ernst nimmst,
könnte dieser eine Augenblick dein Leben verändern.

Der Anfang von etwas

Du spürst den Krampf in deinem Nacken,
in den Backenknochen,
in deinen Händen, besonders in ihnen –
sie bilden sich zur Faust,
scheinen etwas halten und drücken zu wollen.

Da kommt der Augenblick wie ein Engel,
und plötzlich weiß dein Körper:
Du darfst loslassen!
Er sagt es deiner Seele weiter.
Sie quillt über von dieser Nachricht,
ergießt sich in deinen Geist, und der findet Worte,
dass du endlich sagen kannst:
Es ist Zeit loszulassen.
Es ist Zeit.

Du musst niemanden und nichts mehr retten,
auch dich selbst nicht,
weil du schon längst gerettet worden bist.

Es könnte der Anfang von etwas sein –
ein kleiner Lichtstrahl, der durch den Spalt der Tür fällt.

Innere Weisheit

Oft spricht der Augenblick
zu unserer Intuition, diesem Wesen in uns,
das wir nicht gut kennen.
Es ist weiser als unser Gefühl.
Es weiß mehr als unser Wissen.
Es ist die Verbindung
zu dem größeren Rahmen, in dem wir leben,
es ist die unerklärbare, unbeweisbare Stimme,
die in uns flüstert.
Durch sie spricht der Augenblick zu uns.
Welten tauschen sich aus
und wir dürfen zuhören.

Es ist deine Sache

Der Augenblick ist nur ein Augenblick.
Aber er liegt wie eine Schaltstelle
in der Mitte deines Lebens.
Er ereignet sich tausendmal am Tag.
Er wird jedem geschenkt.
Du brauchst nichts dafür zu leisten.

Der Augenblick ist wie eine Insel,
auf der einen Seite umgeben vom Meer der Vergangenheit,
auf der anderen vom Meer der Zukunft.
Auf der Insel stehst du,
sie ist das einzige Festland weit und breit.

Ob du den Augenblick ergreifst,
ist deine Sache.
Selbst wenn du es nicht tust
und immer wieder nicht tust,
wirst du weiter verschwenderisch
mit Augenblicken beschenkt.

In der Reihe
LAHRER GESCHENKHEFTE
sind bisher erschienen:

Ulrich Schaffer:
...weil du einmalig bist · ...weil du dein Leben entscheidest
Wage es, Grenzen zu sprengen · Weil du einmalig bleibst · Was der Tag mir schenkt
Wege · Halte fest an dir · Lass dich los · Was wir brauchen ist Liebe
Das Glück des Augenblicks · Ich begleite dich · Ja · Nein · Du
Für eine neue Welt · Ich glaube an unsere Zukunft · Als ich mein Herz auftat
Höre nicht auf, anzufangen · Wofür sich zu leben lohnt

Peter Klever:
Leben wünsch ich dir · Ich sah mehr als Steine · Vor uns das Leben

Andreas Pohl:
du und ich · Du bist ein wundervolles Geheimnis
Ich schenke dir ein gutes Wort · Geheimnis des Zuhörens
Wenn du mit dem Herzen schaust · Spüre das Leben

Andere Autoren:
Sonnengesang · Du bist liebenswert
Die Morgenröte wärme dein Herz · ...weil du kostbar bist
Worte des Trostes für die Zeit der Trauer
Entdecke das Leben

3. Auflage 2011 ·
Printed and bound by Leo Paper, China
Text und Fotos: Ulrich Schaffer
ISBN 978-3-7806-1215-1